AF595725

RESTAURATION

DE LA

CRYPTE DE S. POTHIN

A L'EGLISE S. NIZIER

DE LYON.

LYON

IMPRIMERIE DE LOUIS PERRIN

M D CCC LXI.

RESTAURATION

DE LA

CRYPTE DE S. POTHIN

A L'EGLISE S. NIZIER

DE LYON.

SI les monuments hiſtoriques sont l'honneur & la gloire des cités, les monuments religieux sont leur âme & leur vie. Expreſſion des croyances les plus ſaintes & des traditions les plus vénérables, ils conſtituent le précieux patrimoine de la famille ſpirituelle.

Il ne faut donc point s'étonner du zèle qui, de notre

temps, s'eſt emparé des eſprits pour la conſervation & la reſtauration des premiers; il faut, au contraire, déſirer pour les ſeconds que des eſprits ce zèle paſſe aux âmes. Aſſurément, en effet, c'eſt une belle & noble penſée que de défendre ou de venger des injures du temps & du vandaliſme de l'ignorance les plus impoſants & les plus impaſſibles témoins de l'hiſtoire; c'eſt œuvre de patriotiſme élevé auſſi bien que de vraie ſcience. Mais autant le ciel eſt au-deſſus de la terre, autant cette penſée eſt plus belle & plus noble encore, quand elle s'applique aux monuments religieux; c'eſt alors, pour nous ſervir d'une expreſſion myſtique parfaitement appropriée à notre ſujet, c'eſt œuvre de véritable édification auſſi bien que de généreuſe piété.

Rien n'égale la puiſſance de ſouvenir & la muette éloquence des lieux qu'ont illuſtrés de grands faits chrétiens; ils nous parlent & nous émeuvent par une ſorte d'évocation de ce paſſé immortel, que ne ſauraient égaler ni l'éclat des décorations, ni la majeſté du culte, ni la puiſſance même de la parole. Auſſi la Religion s'eſt-elle aſſociée, en cela comme en toutes choſes, aux plus intimes inſtincts du cœur humain, lorſqu'elle les a conſacrés en en faiſant ſes plus auguſtes ſanctuaires.

Notre ville eſt riche, entre toutes, de ces pieux legs du paſſé; antique métropole de la Gaule chrétienne, elle conſerve encore, dans ſon ſol arroſé du ſang de milliers de martyrs, les empreintes ſacrées des premiers ancêtres de ſa foi. De nombreuſes cryptes, le plus ſouvent aſiles ſecrets du culte perſécuté, les recouvrirent de leur ombre bénie, & ont perpétué, juſqu'à nos jours, la mémoire de cette incomparable victoire de l'eſprit ſur la chair, & de la vérité ſur la barbarie. Ici, fut la priſon de Pothin, le premier de nos pontifes; là, celle de Blandine, la noble eſclave; là encore, le tombeau du ſavant & intrépide Irénée & de ſes compagnons innombrables : ſaint tombeau devenu plus tard l'autel d'une baſilique ſouterraine, dédiée à tous ces illuſtres témoins du Chriſt, & où va s'agenouiller encore cette ancienne confrérie des Saints-Martyrs, vraie garde d'honneur de ces grands & vivants ſouvenirs !

Mais ce n'eſt point tout. Au-deſſus même de ces traditions ſi reſpectées, s'en place une non moins authentique &, s'il eſt permis d'ainſi parler, plus ſacrée peut-être encore, car elle eſt en quelque ſorte leur principe, leur cauſe première. C'eſt celle qui a pour objet cette humble retraite, où ſaint Pothin envoyé par ſaint Polycarpe, diſciple de ſaint Jean, diſciple lui-même de Jéſus-Chriſt, vint abriter la foi & le culte dont il apportait les tréſors à nos pères : ce lieu enfin où, pour la première fois, il expoſa à leurs regards émus l'image de la Vierge-Mère, apportée par lui d'Orient. Humble mais touchante origine d'un culte, qui, plus tard s'élargiſſant dans toutes les proportions du dévoûment filial le plus abſolu & de la plus maternelle protection, devait s'inſtaller triomphalement ſur notre belle colline romaine, & planer ſur la grande cité, comme ſon honneur le plus cher & ſa ſauvegarde la plus puiſſante !

Berceau de la foi chrétienne dans les Gaules, ce lieu eſt donc pour nous le lieu ſaint par excellence; & il n'en eſt point qui mérite à plus juſte titre l'hommage reconnaiſſant de cette ville, ſi fidèle à ſa glorieuſe vocation.

Et pourtant, c'eſt à peine ſi maintenant un petit nombre de Lyonnais, inſtruits de ces ſaintes origines, comprennent que nous voulons parler de la crypte ſituée ſous le chœur de l'égliſe de Saint-Nizier. Fermée habituellement à tous les regards, ne s'ouvrant qu'à de longs intervalles, pour une fête & ſous un vocable qui ne ſont plus les ſiens : déshonorée par d'inintelligentes reſtaurations, cette crypte, inconnue ou méconnue, eſt ſemblable à la cité ſainte dont le prophète diſait : « Les rues de Sion pleurent parce qu'il n'eſt plus per- « ſonne qui vienne à ſes ſolennités » (1).

Pourquoi ce changement d'abord & plus tard cet injurieux oubli? Singulière mobilité des ſentiments de l'homme, qui va ainſi ſe reflètant dans les choſes les plus étrangères de leur nature à ſa déplorable influence! Hélas! comme elle a ſes brûlants enthouſiaſmes, la dévotion, elle-même auſſi, a ſes défaillances irraiſonnées, ſes coupables abandons. Mais, à l'inverſe des choſes purement humaines, tous les objets de ſon culte étant d'une immuable beauté, il ſuffit de les lui remettre en lumière pour la charmer de nouveau, l'émouvoir & la ramener avec les ſentiments des premiers âges au pied du même autel. Rappelons donc, en peu de mots, ſon intéreſſante hiſtoire.

Au temps de ſaint Pothin, cette crypte n'était qu'une excavation naturelle, peut-être même une ſimple hutte, ſituée dans un lieu alors boiſé, marécageux, en dehors des bruits de la cité gallo-romaine, & fréquenté ſeule-

(1) *Viæ Sion lugent eo quod non ſint qui veniant ad ſolemnitatem.* Jérém. Lam. 1ª 4.

ment par les pêcheurs. C'eſt dans cet état qu'au IIe ſiècle, elle ſervit de retraite & de ſanctuaire au zélé miſſionnaire de la foi de Jéſus-Chriſt. Plus tard, elle reçut le précieux dépôt de ſes reſtes vénérés & ceux des courageux compagnons de ſon martyre.

Dans les premières années du IVe ſiècle, lorſque la paix eut été rendue à l'Egliſe, elle fut transformée en une chapelle régulièrement bâtie & figurant une croix grecque; c'eſt la forme qu'elle affecte encore aujourd'hui. Au-deſſus de cette crypte, ſaint Sacerdos, évêque de Lyon, conſtruiſit une égliſe, qui fut dédiée aux ſaints Apôtres, & qu'il choiſit pour le ſiége de ſa chaire épiſcopale. Son petit-neveu Nizier lui ſuccéda; & telle fut la ſainteté de ce grand ſerviteur de Dieu, telles les merveilles ſans nombre qui s'accomplirent à ſon tombeau, que la reconnaiſſance populaire le déſigna bientôt pour le patron de cette égliſe, qui changea dès lors ſon vocable des Saints-Apôtres contre celui de Saint-Nizier. Il devait en être de même pour la crypte : un martyr du VIIIe ſiècle, ſaint Ennemond, victime du cruel miniſtre de Clotaire II, Ebroïn, qu'avait irrité la fermeté de ſon langage évangélique, allait remplacer ſur cet autel & la vierge qu'y avait placée Pothin, & ſaint Pothin lui-même.

Vers la fin du VIIIe ſiècle, l'invaſion ſarrazine détruiſit l'égliſe de fond en comble. Toutefois, la crypte, enfouie & par là même cachée dans le ſol, dut ſe conſerver ſous les ruines de l'égliſe, que releva, au IXe ſiècle, notre archevêque Leydrade, & qui devait être enfin réédifiée, au XVIe, dans ce beau ſtyle gothique fleuri que nous admirons aujourd'hui; le double eſcalier qui conduit encore à la crypte, date également de cette dernière réédification (1).

Mais la déviation de la dévotion publique, à l'endroit des souvenirs rappelés par cette crypte, ne fut pas telle, qu'elle les fît disparaître pleinement de la mémoire des nombreuses générations, qui se succédèrent jusqu'au pontificat d'Innocent IV. Une bulle, que ce savant & saint pape adressa, en 1251, au clergé de Saint-Nizier, va nous prouver combien encore à cette époque ces souvenirs étaient reconnus & précis. En voici le texte :

« Puisque votre église, qui fut la première cathédrale « à Lyon, possède l'autel consacré par le bienheureux « Pothin, le plus ancien de vos archevêques, monument « des honneurs rendus pour la première fois à la Sainte-« Vierge en deçà des monts, source, comme on l'as-« sure, de grands & nombreux prodiges ; désirant que « ce sanctuaire où éclate la piété des fidèles envers « Marie, les samedis surtout & aux jours de ses solenni-« tés, voie augmenter leur nombre par des honneurs « dignes d'un tel concours, nous accordons à tous ceux « qui, véritablement repentants & ayant confessé leurs « fautes, visitent dévotement cette église aux fêtes de « la Sainte-Vierge, quarante jours d'indulgence pour la « pénitence qui leur aura été imposée (2). »

(1) Cette reconstruction de l'église de Saint-Nizier fut, au dire du P. Menestrier, due à la munificence vraiment princière de Pierre Renoüard, marchand lyonnais, qui y employa la plus grande partie de son bien & recommanda aux siens l'achèvement de l'œuvre.

(2) Severt, *Chronica hist.*, *&c.*, & Colonia, *Hist. de Lyon*, 1er vol., p. 346.

C'eſt à cette époque ſans doute que doit être rapportée l'origine de la confrérie de N.-D. de Grâces, inſtituée pour engager les fidèles à honorer d'un culte ſpécial la ſainte mère de Dieu, dans une égliſe où il avait été ſi glorieuſement inauguré.

Néanmoins le changement de vocable jetait, de plus en plus, ſur la deſtination primitive du lieu une confuſion qui refroidit le zèle ; le culte y languit ; la condition ſouterraine des lieux favoriſa les négligences ; la clôture trop habituelle les autoriſa ; & vint enfin le temps où la crypte rentra dans l'humide ſilence de ces catacombes cloſes par des éboulements ſéculaires, dont on perd la trace, même le ſouvenir, juſqu'à ce que de hardis explorateurs y faſſent de nouveau pénétrer la lumière & la vénération.

Mais il ne s'agit point ici de tels obſtacles ; il n'y faut qu'une volonté réſolue & généreuſe. Nous l'avons dit, la crypte eſt intacte & deux eſcaliers en rendent l'accès facile. Il ſuffirait donc, pour rétablir cet oratoire antique, de lui reſtituer la pureté originelle de ſes contours, d'y ériger un autel digne d'un tel ſanctuaire, & de le ſurmonter d'une image de la Sainte-Vierge, en ſouvenir de celle que ſaint Pothin offrit aux premiers hommages de ſon égliſe naiſſante. Des peintures murales y feraient revivre la mémoire de nos martyrs : on les verrait groupés autour de cette image de la mère du Chriſt pour partager ſes honneurs, comme ils s'y groupaient, au temps de la perſécution, pour lui demander le courage de confeſſer la foi de ſon divin Fils ; la lampe traditionnelle ferait briller toutes ces ſplendeurs myſtiques de ſa douce lumière ; enfin, un pavé en mosaïque s'étendrait comme un tapis d'honneur sous les genoux des nombreux pèlerins, qu'attirerait chaque jour ce mystérieux asile, si inspirateur de la prière.

Quel Lyonnais de sang & d'âme pourrait donc refuser son concours à cette restauration du respect pour le lieu le plus sacré de toute la cité, de toute la terre gauloise ! à cette glorification de notre divine Patrone & de nos grands ancêtres spirituels? Dans une ville où le sentiment chrétien est si vivace & si fécond, où les traditions de tout ordre sont si bien comprises & si pieusement gardées, de tels projets ne veulent même pas de longs discours. Le plus humble des fils de la vieille cité chrétienne pousserait seul le cri d'appel, que cet appel serait entendu. Que sera-ce donc si l'œuvre se produit sous la haute approbation du successeur de saint Pothin, heureux de voir honorer ainsi le pontificat lyonnais dans son premier chef; & si le pasteur même, gardien du vénérable monument, convie toutes les âmes généreuses à le suivre & à l'aider dans cet acte de véritable piété filiale? Il n'en faut donc pas douter : l'or abondera, offert avec un égal empressement par la foi & par le patriotisme; & bientôt, grâce à de tels sacrifices, la Religion comptera un sanctuaire, & l'art peut-être une merveille de plus.

NOTA. Les offrandes devront être déposées chez M. le Curé de Saint-Nizier, ou chez M. Louis Guérin, banquier.

Lyon. — Impr. de Louis Perrin.

www.ingramcontent.com/pod-product-compliance
Lightning Source LLC
LaVergne TN
LVHW050519160826
845677LV00003B/1232

* 9 7 8 2 3 2 9 6 2 2 5 1 4 *